AF222798

EAST SIDE GALLERY

BERLIN

von Kani Alavi und Jörg Weber

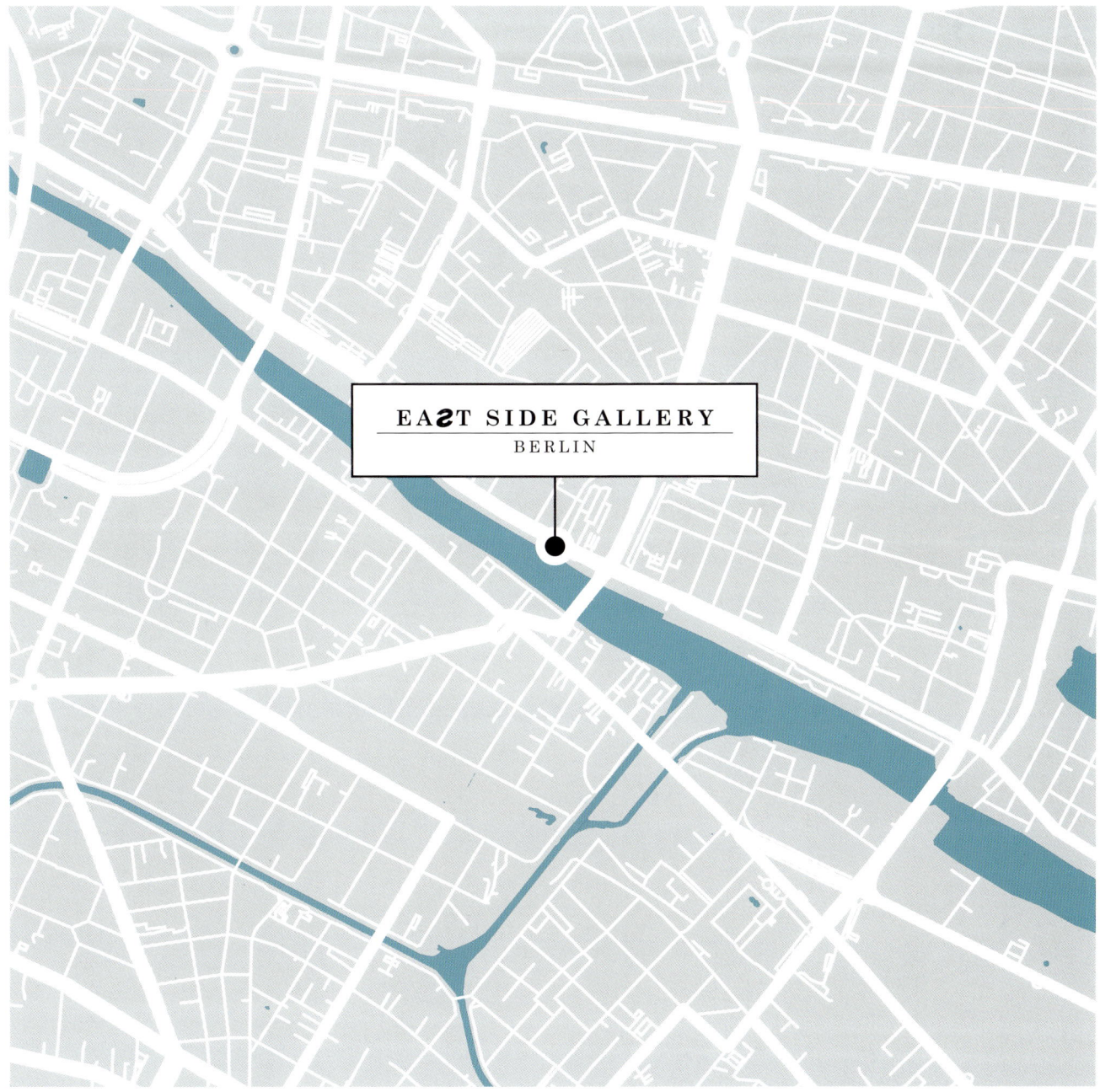

EAST SIDE GALLERY

BERLIN

© gerd-danigel.de

Die Rückseite der East Side Gallery im
August 1990: Auf dem einstigen Todes-
streifen an der Mühlenstraße ist die
Vorderlandmauer bereits abgebaut.
Die Oberbaumbrücke im Hintergrund
steht noch ohne ihre Türme da.

© gerd-danigel.de

© Thilo Rückeis

Ostberlin,
Mühlenstraße 1987

East Berlin,
Mühlenstreet 1987

Die Anfänge der
East Side Gallery,
ein halbes Jahr
nach Mauerfall,
im Frühjahr 1990

Begin of the East Side
Gallery, half a year after
the wall came down,
spring 1990

Hier, wo einst die Mauer Friedrichshain und Kreuzberg trennte, bewegt sich der dichte Berliner Verkehr in alle Himmelsrichtungen. Richtung Osten nach Köpenick oder zum Flughafen Schönefeld, Richtung Westen zum Alexanderplatz, zum Potsdamer Platz und von dort weiter in die City West und zum Kurfürstendamm. In den Norden führt die Warschauer Straße in den Prenzlauer Berg und nach Pankow. In den Süden geht es über die Oberbaumbrücke nach Kreuzberg.

Genau an dieser zentralen Ecke Berlins befindet sie sich: die East Side Gallery. Sie ist das letzte Stück originale Berliner Mauer. Sie besteht aus 844 einzelnen Betonsegmenten, die eine Höhe von 3,60 Meter und eine Gesamtlänge von über einem Kilometer haben.

Damit ist sie die längste und wohl auch bedeutendste Open-Air-Galerie der Welt. Mit täglich mehr als 8000 Besuchern aus aller Welt zählt sie pro Jahr mehr als drei Millionen Touristen.

118 Künstlerinnen und Künstler aus 21 verschiedenen Ländern der Welt bemalten 1990 diese Mauer, um ein Zeichen zu setzen, die Geschichte anzuhalten und diese Mauer als Denkmal und Erinnerungsort für die nachfolgenden Generationen zu bewahren.

Jetzt ist es an uns, diese Geschichte zu schützen, zu erhalten und sie als einen besonderen Ort des deutschen, europäischen und weltweiten Friedens und der Freiheit für die Zukunft zu bewahren.

At this point, where the Berlin Wall used to divide Friedrichshain and Kreuzberg, cars crawl through the rush-hour traffic towards all the city's corners. To the east in the direction of Köpenick and Schönefeld Airport. To the west, to find Alexanderplatz, Potsdamer Platz or the City West with the famous Kurfürstendamm. Northwards, cars are heading towards Prenzlauer Berg and Pankow. And to reach Kreuzberg in the south, drivers will need to pass the Oberbaumbrücke.

It is on this corner where the last pieces of the original Berlin Wall remain to this day. This is the East Side Gallery, hosting 844 segments of concrete, 3.60 meters high and more than 1000 meters long.

It is the longest and probably most famous open-air gallery in the world. More than 8,000 visitors from all over the world come here daily, making up more than 3 million people yearly.

118 artists from 21 different countries came together in 1990 to paint this wall. They wanted to take a stand, to somehow stop the march of time, to protect the wall and this place of remembrance for future generations.

Now it is up to us to safeguard this historical site for future generations and to preserve it as a sign of peace and freedom for Germans, Europeans and the international community at large.

Kani Alavi, Jörg Weber

Narendra Kumar Jain
Indien 🇮🇳

Sieben Stufen der Erleuchtung

Hier beginnt der Spaziergang
entlang der East Side Gallery

Here the East Side Gallery Walk begins

Kumar Jain stammt aus Indien und ist seit vielen Jahren in Deutschland als Yogi aktiv. Er führt seit mehr als 40 Jahren eine Yoga-Schule in Berlin. Dort berät er, hilft und bildet neue Yogis aus. Gleichzeitig lebt er hier seinen hinduistischen Glauben aus. Viele Menschen, Frauen, Männer, Kinder oder ganze Familien, kommen in seine Schule und er unterweist sie.

Von diesem Glauben zeugt sein Bild an der East Side Gallery. Ein überlebensgroßer Buddha thront in einem Meer voll von Weisheiten und Sprüchen. Die sieben Stufen menschlicher Erkenntnis bis zu kosmischem Bewusstsein sind hier zu sehen.

Finde deinen Mittelpunkt, verweile in der Hektik des Alltags, tanke neue Kraft und besinne dich auf dein ursprüngliches Wesen. Dieses Bild ist in der Technik der hinduistischen Malerei geschaffen und enthält Sprüche und Weisheiten dieser Religion:

Schauen – Glück,
Berühren – Unglück,
Amrit Amma,
Buddha – Nirvana,
Christus – Kreuz,
Mahavira – Kevalem,
Maria – Liebe,
Mohammed – Licht,
Padmavati – Schutz,
Bleib, steh 2 min – 24 Stunden Glück,
Satya – Saibaba

Kumar Jain comes from India but has been practicing as a yogi in Berlin for more than 40 years. In his yoga school, he advises, helps and trains new yogis. At the same time, he practices his Hindu faith. Many people – women, men, children, even families – come to his school to receive his teachings.

His painting on the East Side Gallery speaks of his faith. A colossal Buddha sits enthroned on a sea of wisdoms, words and sayings. The seven steps of enlightenment to reach cosmic consciousness are also present.

Take a moment to pause and think, to find new strength and focus on your inner self. The painting was created using a typical Hindu artistic style and includes religious sayings and wisdoms from this faith:

Looking – Happiness,
Touching – Bad luck,
Amrit Amma,
Buddha – Nirvana,
Christ – Cross,
Mahavira – Kevalem,
Maria – Love,
Mohammed – Lightness,
Padmavati – Protection,
Stay, wait 2 minutes – 24 hours Happiness,
Satya – Saibaba

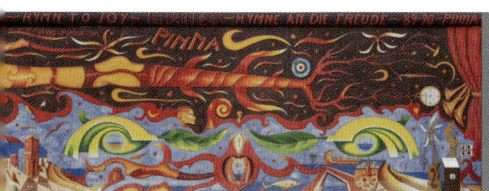

Fulvio Pinna
Italien 🇮🇹

Hymne an das Glück

Eine Begegnung mit Fulvio Pinna, dem einzigen italienischen Künstler an der East Side Gallery. Er begrüßt mich mit einem Lächeln und legt dann auch gleich los: mit frischen Farben, über paradiesischer Landschaft schwebt seine Göttin und beschirmt eine fantastische Stadt.

„Ode an die Freude" nennt Fulvio sein Bild. Ich lese GORBACIOV, sehe Hammer und Sichel. Es ist noch nicht ganz fertig, in der unteren linken Ecke fehlt die Farbe, da ist noch ein weißer Fleck. Vielleicht malt er ihn bei seinem nächsten Berlin-Besuch fertig.

Meeting with Fulvio Pinna from Sardinia, the only Italian artist on the East Side Gallery. He greets me with a winning smile and gets straight to work. Fresh colors, a goddess floats over a heavenly landscape and shelters a fanciful city.

Fulvio calls his painting "Ode To Joy". I can read GORBACIOV and see a hammer and sickle. It is not yet complete, a small area in the bottom left corner is missing color, there is a white spot. Maybe he will finish it next time when he comes to Berlin.

Kikue Miyatake
Japan ●

Paradise Out Of The Darkness

KIKUE MIYATAKE · JAPAN
PARADISE OUT OF THE DARKNESS   COEXIST

Das Paradies aus der Dunkelheit – die zierliche Japanerin Kikue Miyatake malt mit kräftigen Pinselstrichen auf den Mauersegmenten einen blauen Kreis. Dieser ist offen und bleibt es auch. Es ist der Kreis, in dem alles zusammenkommt und auch wieder in alle Richtungen verschwindet.

Links aus dem Wasser kommt eine riesige Welle. Sie nimmt die runde Form des Kreises auf. Rechts eine Feuerwand, fast wie ein Flächenbrand, die sich in den blauen Kreis ergießt. Dann wird sie ebenfalls blau und tritt aus dem Bildrand heraus. Dort vermischt sie sich mit dem Wasser zu einem violetten Farbbrei. Ost und West kommen hier zusammen – COEXIST – beides existiert parallel, verbindet sich und trennt sich wieder.

Paradise Out Of The Darkness – with bold brush strokes, the petite Japanese artist Kikue Miyatake paints a blue circle on the wall. This circle is open and will stay that way. It is in this circle where everything comes together and once again dissipates in all directions.

From the left, a huge wave rises from the water and flows into the circle. On the right, a wall of fire, similar to a wildfire, is raging and enters the circle. The wall of fire turns blue and leaps out of the painting. The colors of the water and fire mix to make tones of violet. East and West come together – COEXIST – both exist in parallel, they join and part again.

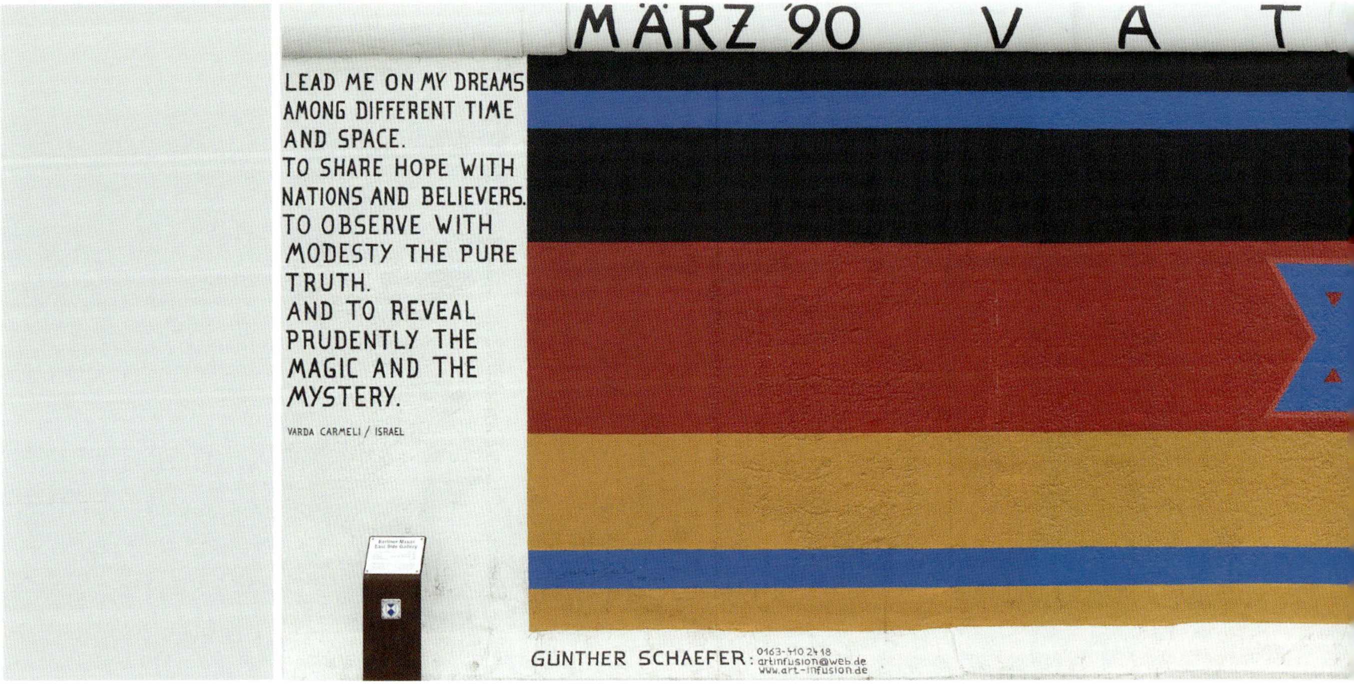
MÄRZ '90 V A T
LEAD ME ON MY DREAMS
AMONG DIFFERENT TIME
AND SPACE.
TO SHARE HOPE WITH
NATIONS AND BELIEVERS.
TO OBSERVE WITH
MODESTY THE PURE
TRUTH.
AND TO REVEAL
PRUDENTLY THE
MAGIC AND THE
MYSTERY.
VARDA CARMELI / ISRAEL
GÜNTHER SCHAEFER:
0163-410 2418
artinfusion@web.de
www.art-infusion.de

Günther Schäfer
Deutschland

Vaterland

E LEUTE DIE IN VIELEN
VIELE KLEINE DINGE
AS GESICHT DER WELT
EOPLE WHO IN VERÄNDERN
ACES DO MANY SMALL THINGS
ER THE FACE OF THE WORLD

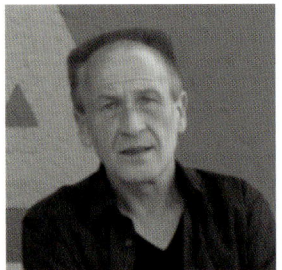

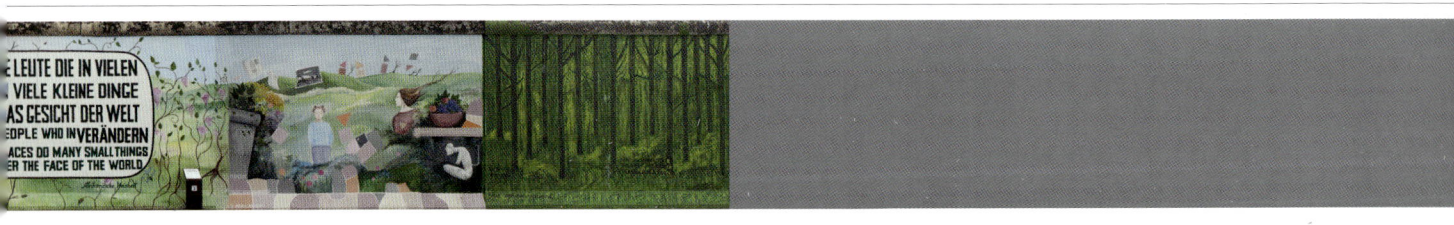

...RLAND

DIESE FLAGGE BASIERT AUF
DEM GRUNDGEDANKEN VON
FRIEDEN UND EINHEIT ALLER
VÖLKER.
SIE IST EINE AUSEINANDER-
SETZUNG MIT DEM ERBE ALLER
DEUTSCHEN GENERATIONEN
NACH DEM 2. WELTKRIEG.
SIE IST EIN SYMBOL DES VER-
EINENDEN UND AUFEINANDER
ZUGEHENS.
EIN MAHNMAL GEGEN JEDE
FASCHISTISCHE TENDENZ.
REICHSKRISTALLNACHT:
9. NOVEMBER 1938!
MAUERFALL:
9. NOVEMBER 1989!

G.SCHAEFER / BERLIN

TIME BOMB: HOYERSWERDA! MÖLLN!
SOLINGEN! MAGDEBURG!
ROSTOCK! LÜBECK!

Was inspiriert einen Fotografen, erstmalig einen Pinsel in die Hand zu nehmen, eine überdimensionale deutsche Flagge zu malen, zudem mit einem Davidstern mittendrin? „Vaterland" heißt sein Bild, das als eines der bekanntesten Motive in die Geschichte eingehen wird. Mehr als 50 Mal wird es im Laufe der Zeit erneuert, zig Male geschändet, übermalt, bekritzelt, mit Hakenkreuzen beschmiert. Jedes Mal restaurierte Günther Schäfer sein Bild.

Dieses Bild und die dazugehörige Inschrift stehen symbolisch für die Freiheit und das Aufeinander-Zugehen aller Völker.

What inspires a photographer to pick up a brush for the first time and paint an oversized German flag, with the Star of David in its center? His painting is titled "Vaterland" – Fatherland – and will become known as one of the most famous artistic subjects. The painting has had to be restored more than 50 times since it was first painted, having been damaged, painted over, scribbled on, vandalized and covered with Nazi swastikas countless times. Each time, Günther Schäfer himself restored the painting.

This painting and the accompanying text stand as a symbol of freedom and cooperation between all nations.

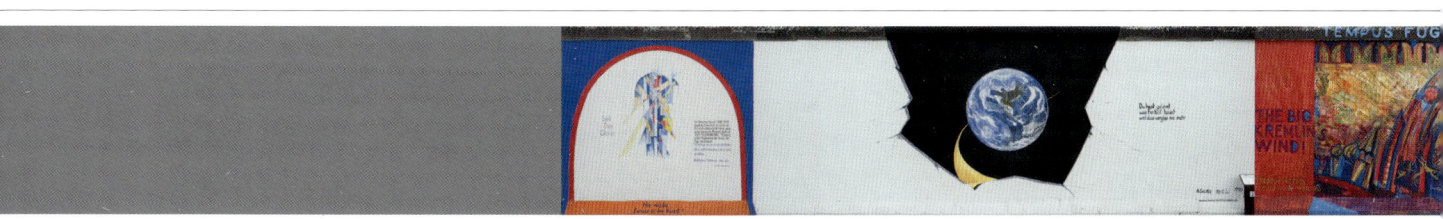

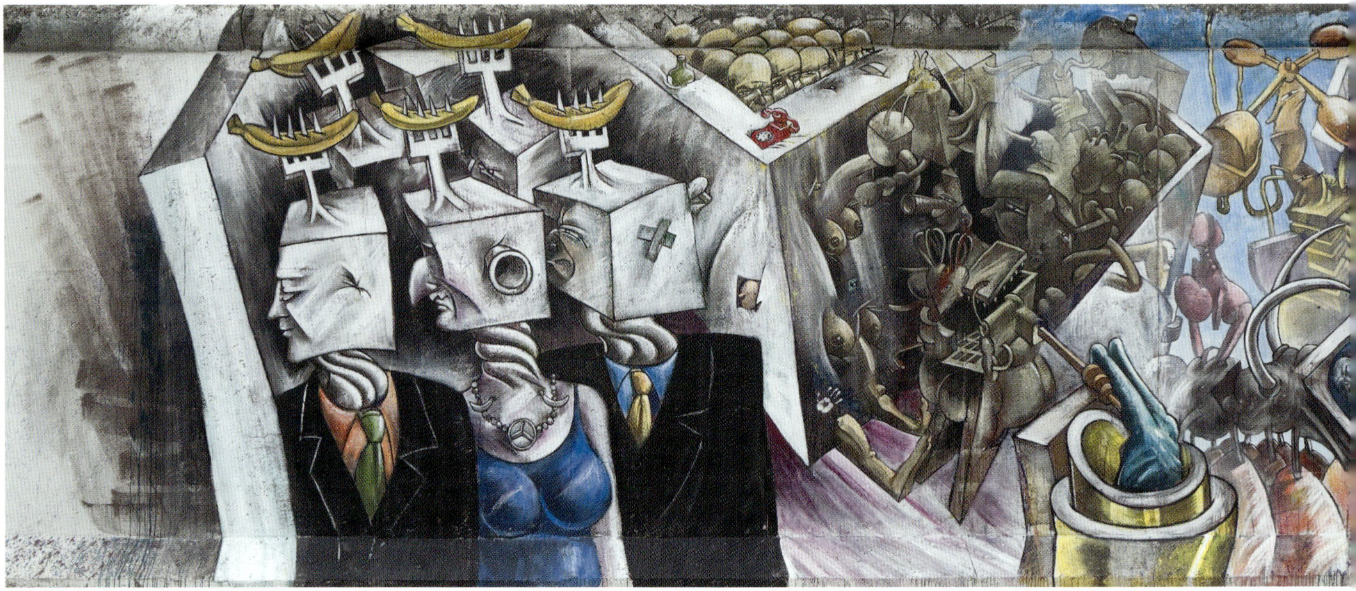

César Olhagaray
Chile 🔴

Urmenschen der Computer

In Berlin bleibt der chilenisch-deutsche Künstler César Olhagaray immer für ein halbes Jahr. Die andere Hälfte verbringt er in seiner ersten Heimat Chile. Auf seinem Bild an der East Side Gallery zaubert César seine dreidimensionale Vision von einer Wiedervereinigung. Gegenüber der Fassung von 1990 hat César bei der Sanierung des Bildes die Szenerie aus der Dunkelheit heraus skizziert und dann weiß gehöht.

„Ich habe den Dreck der Jahre dazu gemalt", erklärt er. Legendär auch sein Cola-Tierchen, das in der rechten Ecke hockend mit einem Schlauch vom benachbarten Bild ernährt wird.

When Chilean-German artist César Olhagaray comes to Berlin, he stays here for six months, spending the remaining six months in Chile. In his painting on the East Side Gallery, César presents his three-dimensional vision of a German reunification. During the restoration of the mural, he replaced the scenary. This images here have been brought out of the darkness of the 1990 version and heightend with white.

"I have included the dirt of the past few years", he explains. The little Coca Cola animal in the right-hand corner has also assumed legendary status, nourished by a tube from the adjacent painting.

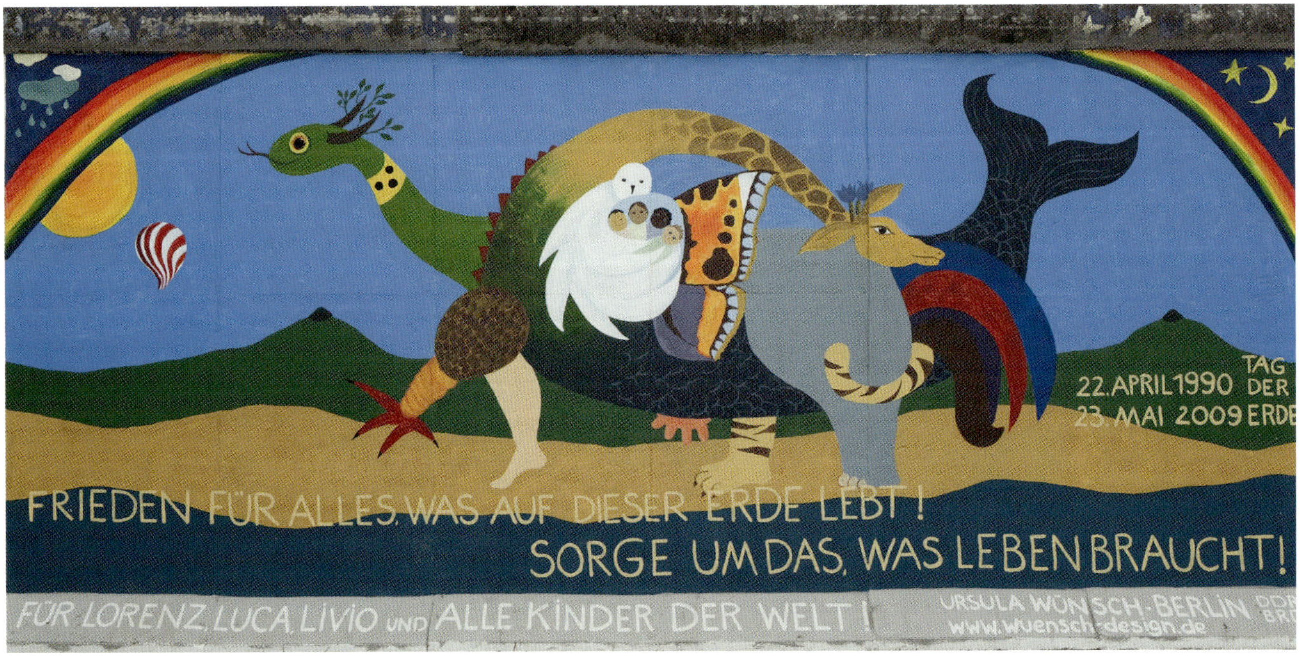

FRIEDEN FÜR ALLES, WAS AUF DIESER ERDE LEBT!
SORGE UM DAS, WAS LEBEN BRAUCHT!
FÜR LORENZ, LUCA, LIVIO UND ALLE KINDER DER WELT!

22. APRIL 1990 TAG DER
23. MAI 2009 ERDE

Ursula Wünsch
Deutschland 🇩🇪

Frieden für Alles

Ana Leonor Madeira Rodrigues
Portugal

ohne Titel

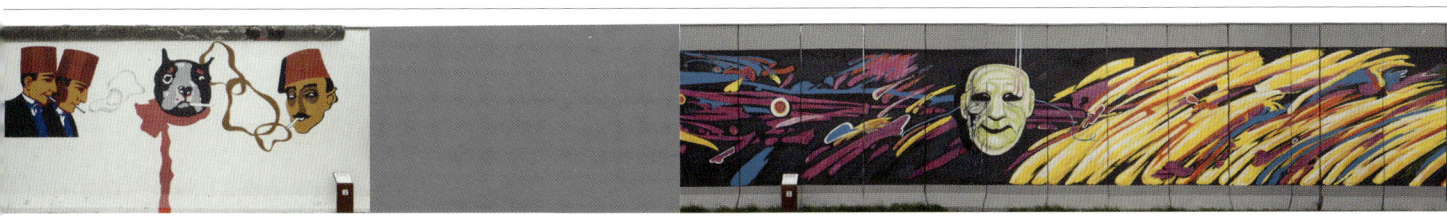

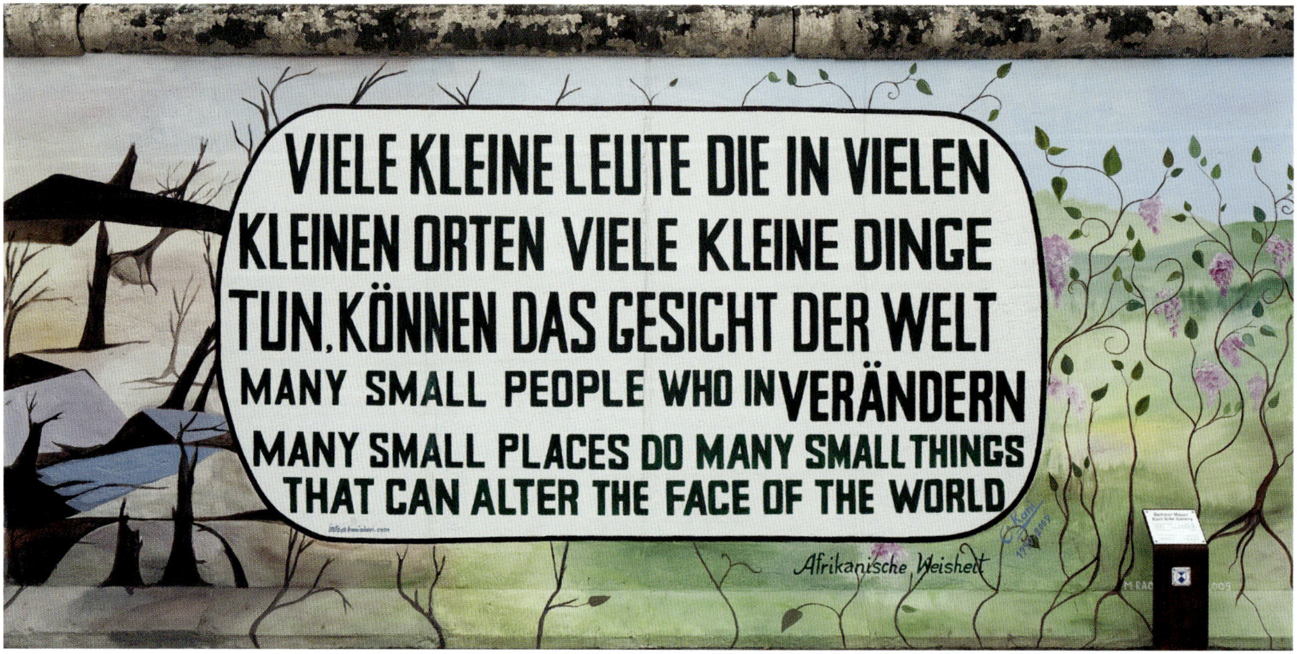

VIELE KLEINE LEUTE DIE IN VIELEN KLEINEN ORTEN VIELE KLEINE DINGE TUN, KÖNNEN DAS GESICHT DER WELT

MANY SMALL PEOPLE WHO IN VERÄNDERN

MANY SMALL PLACES DO MANY SMALL THINGS THAT CAN ALTER THE FACE OF THE WORLD

Afrikanische Weisheit

Kani Alavi
Iran 🇮🇷
Muriel Raoux
Frankreich 🇫🇷

ohne Titel

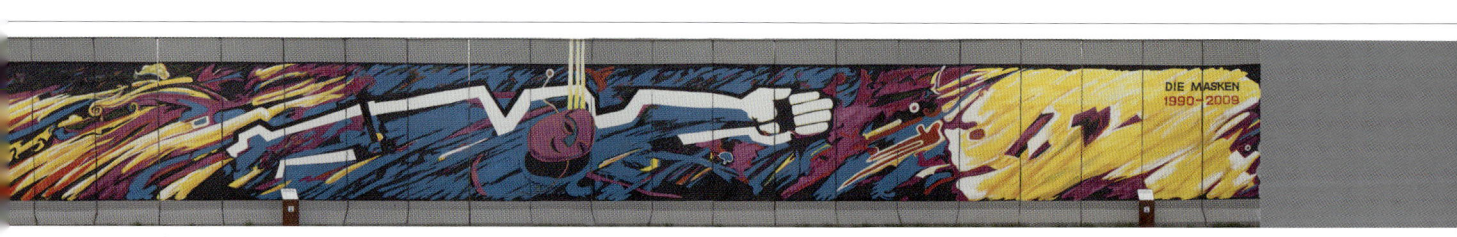

DIE MASKEN
1990–2009

Muriel Raoux
Frankreich 🇫🇷

Les Yeux Ouverts

Soli
Deo
Gloria

Der Maler Hans Meissel (1888-1969),
sowohl im "Dritten Reich" als auch in der
DDR mit Ausstellungsverbot belegt, wegen
seiner expressiven Malweise, setzte mit
"GOTT ALLEIN DIE EHRE" J.S. Bachs
letzter Komposition, der "Kunst der
Fuge", ein Denkmal.
Mit der Kopie des nun erstveröffentlichten
Bildes möchte ich meinem Lehrer Dank
abstatten.

Willi Berger / Hiddensee 1990/2004

Nie wieder
Zensur in der Kunst !

Willi Berger
Deutschland 🇩🇪

Soli Deo Gloria

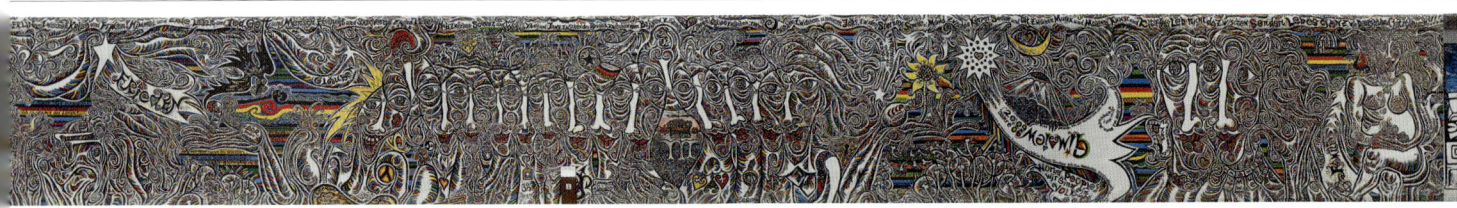

André Sécrit
Deutschland 🇩🇪

Du hast gelernt, was Freiheit heißt

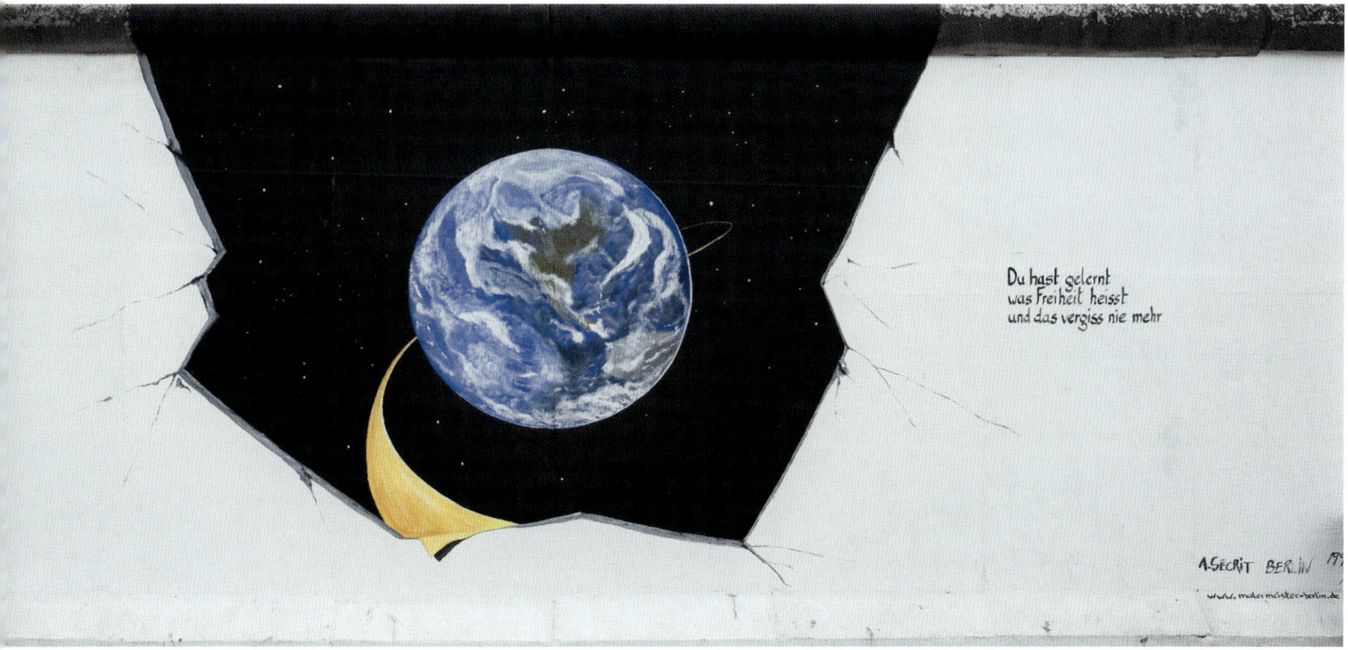

Du hast gelernt
was Freiheit heisst
und das vergiss nie mehr

A.SÉCRIT BERLIN '9
www.malermeister-berlin.de

Teodor Tezhik
Russland 🇷🇺

Big Kremlins Wind

Mit wehenden grauen langen Locken und einer Sonnenbrille auf dem Kopf, einer zweiten Brille im Gesicht, zwei Wassereimern in der Hand, stand Theodor Tezhik 2009 vor mir. „Sind Sie Mr. Jork Weber? Ich bin vor einigen Tagen in Moskau los und war noch für einen Tag in Prag. Jetzt bin ich gerade etwas erschöpft."

Er war mit dem Auto, einem Hummer, nach Berlin gefahren. Ich zeigte ihm seine Stelle an der Mauer, wohin er sein Bild malen könnte. „The Big Kremlins Wind" heißt es jetzt: Der Westwind bringt die Zwiebeltürme des Kreml ins Wanken, die Genossen fallen vom Himmel. Der Wind weht ihnen ins Gesicht, Gorbatschow ist ebenfalls mit dabei. Fällt er auch? Natürlich, er ist doch ein Teil vom Ganzen.

In 2009, Theodor Tezhik stood in front of me, with his wavy grey hair, a pair of sunglasses on his head, another pair on his nose and two buckets of water in his hands. "Are you Mr. Jork Weber? I'm a few days late, I was in Prague for a day. I'm a little exhausted now."

He had driven all the way from Moscow to Berlin in a Hummer. I showed him the part of the wall where he could paint his mural. "The Big Kremlins Wind": The west winds make the Kremlin stagger, the comrades are falling from the sky. The wind blows in their faces, even Gorbachev is there. Will he fall as well? Of course, he's part of it all.

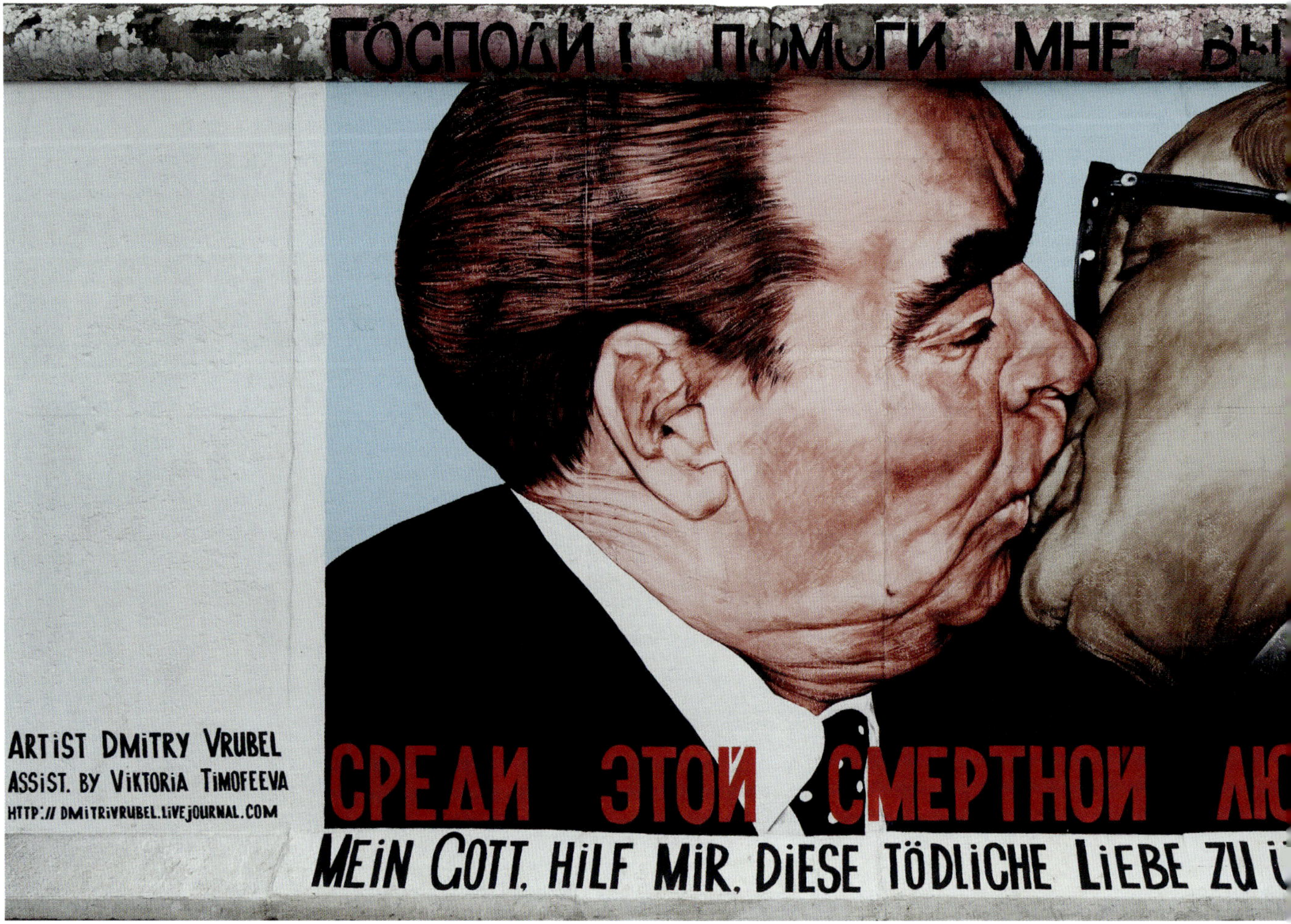

ГОСПОДИ ! ПОМОГИ МНЕ ВЫ

ARTiST DMiTRY VRUBEL
ASSiST. BY ViKTORiA TiMOFEEVA
HTTP:// DMiTRiVRUBEL.LiVEJOURNAL.COM

СРЕДИ ЭТОЙ СМЕРТНОЙ ЛЮ

MEiN GOTT, HiLF MiR, DiESE TÖDLiCHE LiEBE ZU Ü

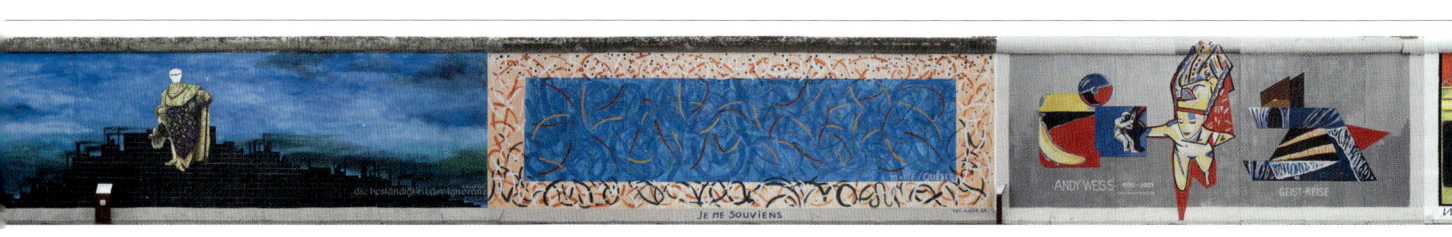

Dimitri Vrubel
Russland 🇷🇺

Mein Gott hilf mir,
diese tödliche Liebe
zu überleben

Das berühmte Motiv mit den beiden Politikern des Ostblocks wurde von einem Foto inspiriert, die Aufnahme entstand am 6. Oktober 1979 in Ost-Berlin. Hier trafen sich führende Politiker der sozialistischen Staaten zum 30. Jahrestag der DDR. Der junge französische Fotograf Régis Bossu machte diesen Schnappschuss vom „Bruderkuss" zwischen Breschnew und Honecker.

Zehn Jahre später fand Dimitri Vrubel dieses Foto in einer französischen Zeitschrift wieder und beschloss, es an der Berliner Mauer bildlich umzusetzen. Sein Titel: „Mein Gott, hilf mir, diese tödliche Liebe zu überleben". Seine gemalte Interpretation des Fotos machten Vrubel und die East Side Gallery über Nacht international bekannt.

A photo inspired this famous painting of the two embracing politicians of the Eastern Bloc. It was taken in East Berlin on October, 6th in 1979, when the leading politicians of the socialist states met for the 30th anniversary of the GDR. The young French photographer Régis Bossu took this snapshot of the "fraternal kiss" between Brezhnev and Honecker.

Ten years later, Dimitri Vrubel found this photograph in a French magazine and decided to turn it into a mural on the Berlin Wall. His title: "My God, Help Me to Survive This Deadly Love". His painted interpretation of the photo made Vrubel and the East Side Gallery famous overnight.

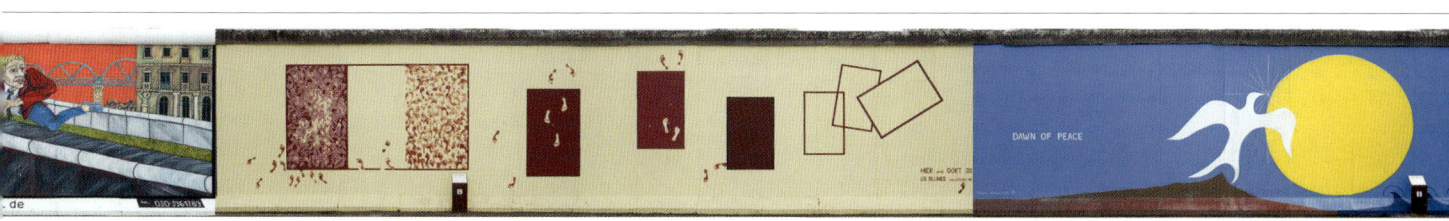

Marc Engel
Deutschland 🇩🇪

Marionetten eines
abgesetzten Stücks

Alexej Taranin
Russland 🇷🇺

Mauern International

Michail Serebrjakov
Russland 🇷🇺

Diagonale Lösung

Rosemarie Schinzler
Deutschland 🇩🇪

Alles offen
Wachsen lassen

Gerhard Lahr
Deutschland 🇩🇪

Berlyn

Berlyn mit Y wie in Tokyo und New York, das zeigt die zurückgewonnene Weltverbundenheit dieser Stadt nach dem Fall der Mauer. Gerhard Lahr ist seit Jahren ein bekannter Berliner Grafiker und Kinderbuchillustrator. Der gesprengte Stacheldraht, infernalisch geht die rote Sonne auf. Dieses Bildmotiv wird zum meistgekauften Motiv auf den T-Shirts der East Side Gallery.

Interessant auch der links unten am Bildrand vorhandene Brief eines Bürgers der damaligen Sowjetunion, aus Leningrad. Mit dem beiliegenden Foto inspirierte dieses Schreiben den Künstler Lahr zur Darstellung seiner Idee von Berlin. Deshalb gehört der Brief zum Bild und wurde von ihm hineingemalt.

Berlyn with a Y – as in Tokyo and New York – represents Berlin's regained connection with the rest of the world following the fall of the Berlin Wall. For years, Gerhard Lahr has been a well-known artist and children's book illustrator in Berlin. Torn barbed wire, a red rising sun: This image became the best-selling motive in the East Side Gallery's t-shirt collection.

The bottom left corner holds another interesting story, showing a letter from a citizen from Leningrad in the former Soviet Union. The letter and an enclosed photograph inspired Lahr to depict Berlin the way he did. For this reason, he included the letter as part of the painting.

Mit 42,5 Metern Länge das längste Bild der East Side Gallery. Schamil Gimajev, ein tatarischer Künstler aus Kasan, bemalte den Asbestrohraufsatz und sogar den Boden vor seinem Bild. Auch die beiden Straßenlampen wurden vom Bild aufgesogen. „Mein Bild ist überall."

Seine Idee ist allumfassend. Mit feinen schwarzen Linien umreißt der Künstler 40 Jahre Geschichte. Liebe gegen Hass, Frieden gegen Krieg, Frau gegen Mann. Seine Wahlheimat Rheinsberg ist ebenso präsent wie der Kreml, das Brandenburger Tor, der Eiffelturm. Gimajew malte von Mitte Juni bis zum 5. November 2009 an seinem Bild. Und es wird wohl nie ganz fertig sein.

Spanning a total length of 42.5 meters, this is the longest picture of the East Side Gallery. Schamil Gimajew, a Tartarian artist from Kazan, painted the concrete tube along the top of the wall and even the ground in front of it. Two street lights also became part of the painting. "My image is everywhere."

His idea is all encompassing. Using fine black lines, Gimajew sketches out 40 years of history. Love vs hate, peace vs war, woman vs man. His home of choice Rheinsberg is also present, as is the Moscow Kremlin, the Brandenburg Gate and the Eiffel Tower. Gimajew painted from mid-June until 5th of November 2009, and will probably never be truly done.

Schamil Gimajev
Russland 🇷🇺

Worlds People

GLAUBE
DDR
Freude
Musik
Mauer zwischen den Welten
das ist schon Geschichte!!
EUPHORIE

PETER RUSSELL
JOINT VENTURE
MARGARET HUNTER
SCOTLAND

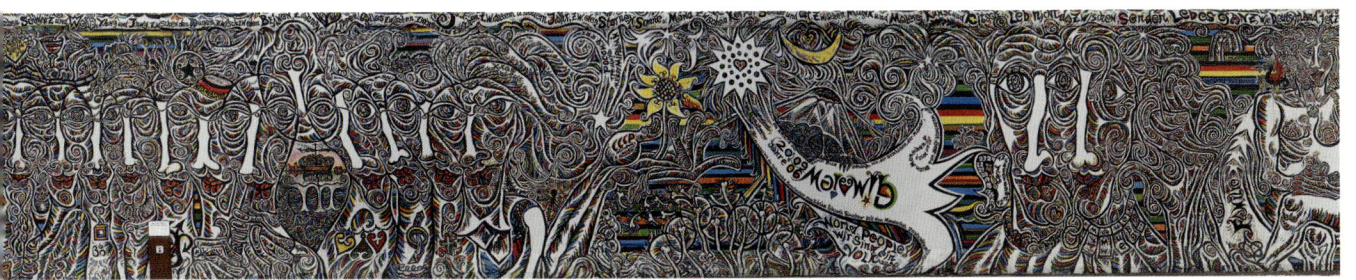

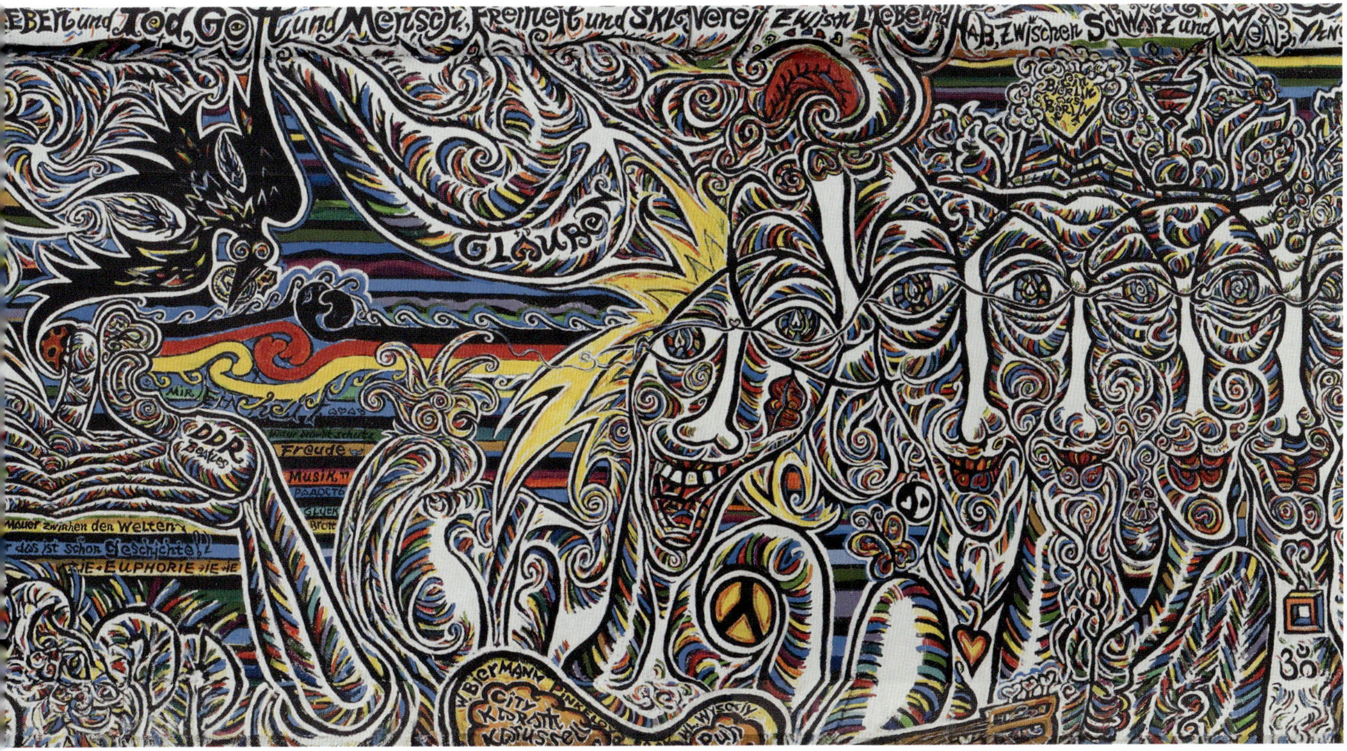

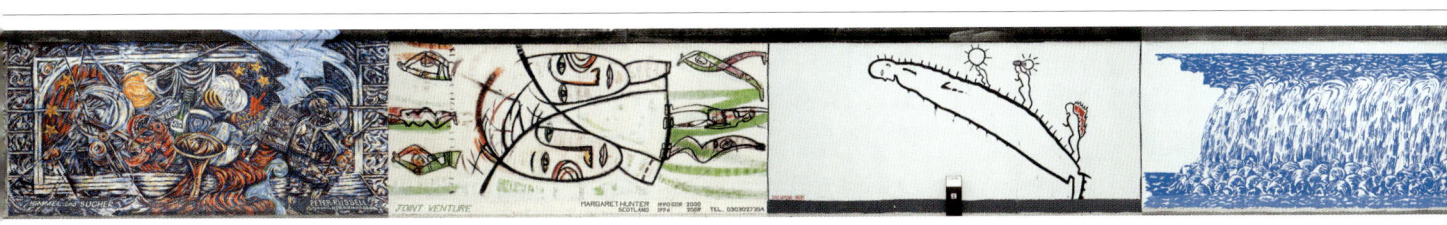

Joaquim Antonio Goncalves Borregana (Kim Prisu)
Portugal 🇵🇹

O Povo Unido Nunco
Mais Sera Veicido

Kim kam mit dem Flieger aus Zürich in Berlin Tegel an. Ich sah ihn gleich durch die Glasscheibe. Das musste er sein, ein kleiner Mensch mit freundlichem Gesicht und runden Augen. Dann malte er sein Bild an die Mauer. Es wurde immer beängstigender. Erster Tag, eine blendend weiße Wand. Am zweiten Tag wurde sie rot, triefende Fäden roter Farbe liefen herunter. Es sah aus wie auf einer Schlachtbank. Stunden später das Gleiche in Gelb. Am dritten Tag folgten schnelle Linien, Zeichen, Schrift, Figuren. Ich las BERLINUM. Es folgten lustige Männchen. So entstand ein lasierender, schillernder, bunter Hintergrund auf 35 Quadratmetern.

Kim freute sich, dass er hier so frei malen konnte. „Ich wollte immer nach Paris, aber da ist es so teuer." Hier in Berlin hatte er jetzt genug Zeit gehabt, seine damalige Idee von 1990 zu verwirklichen.

In 2009, Kim arrived in Tegel by plane from Zurich. I spotted him straight away through the windows at the airport. It had to be him, a small person with a friendly face and round eyes. Then he started painting. His image on the wall became more daunting by the day. On the first day, a dazzlingly white wall. On the second day, it turned red, with trickles of red paint running down the wall. It looked like something had been slaughtered. A few hours later, the process was repeated, yet this time with yellow. Lines, drawings, figures and writing appeared on the third day. I read BERLINUM. Some funny manikins followed. This is how a glazed, colorful and shimmering background took shape on an area of 35 square meters.

Kim was delighted to be able to paint so freely. "I have always wanted to go to Paris, but it's so expensive." Here in Berlin he finally had enough time to realize his idea from 1990.

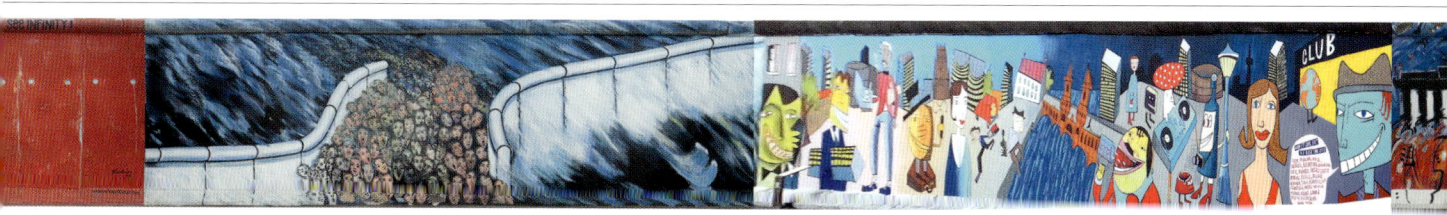

Henry Schmidt
Deutschland 🇩🇪

Vergesst mir
die Liebe nicht

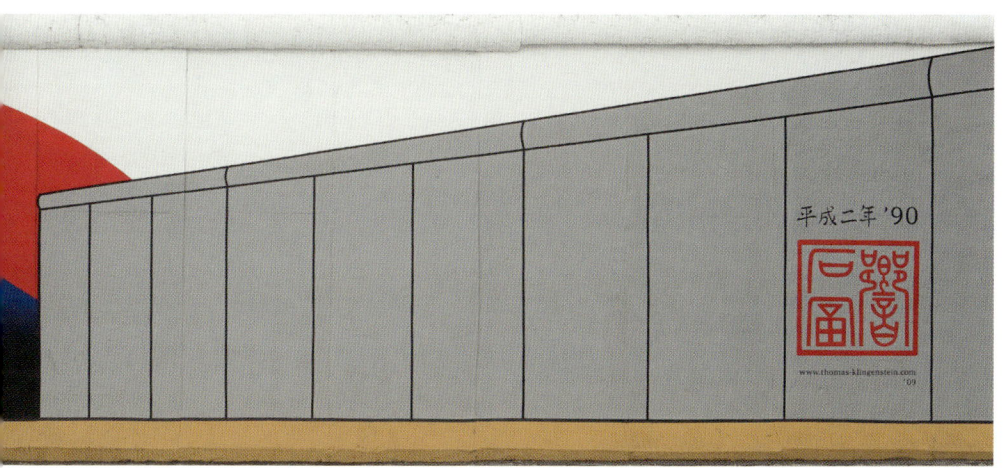

Thomas Klingenstein
Deutschland 🇩🇪

Umleitung in den
japanischen Sektor

Karsten Wenzel
Deutschland 🇩🇪

Die Beständigkeit
der Ignoranz

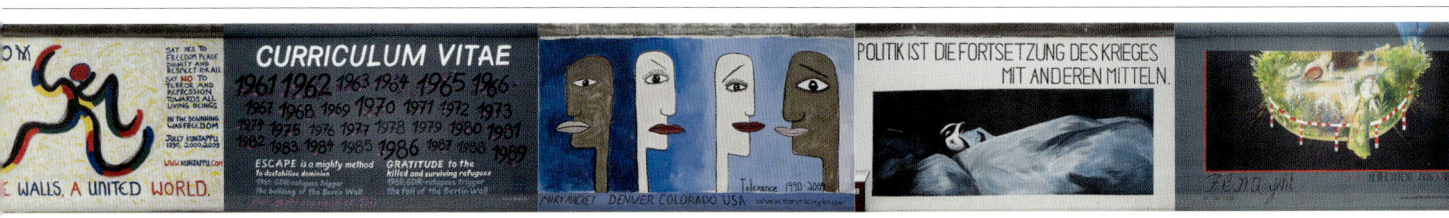

Pierre-Paul Maillé
Kanada / Deutschland 🇨🇦 🇩🇪

Je Me Souviens

Andy Weiss
Deutschland 🇩🇪

Geist – Reise

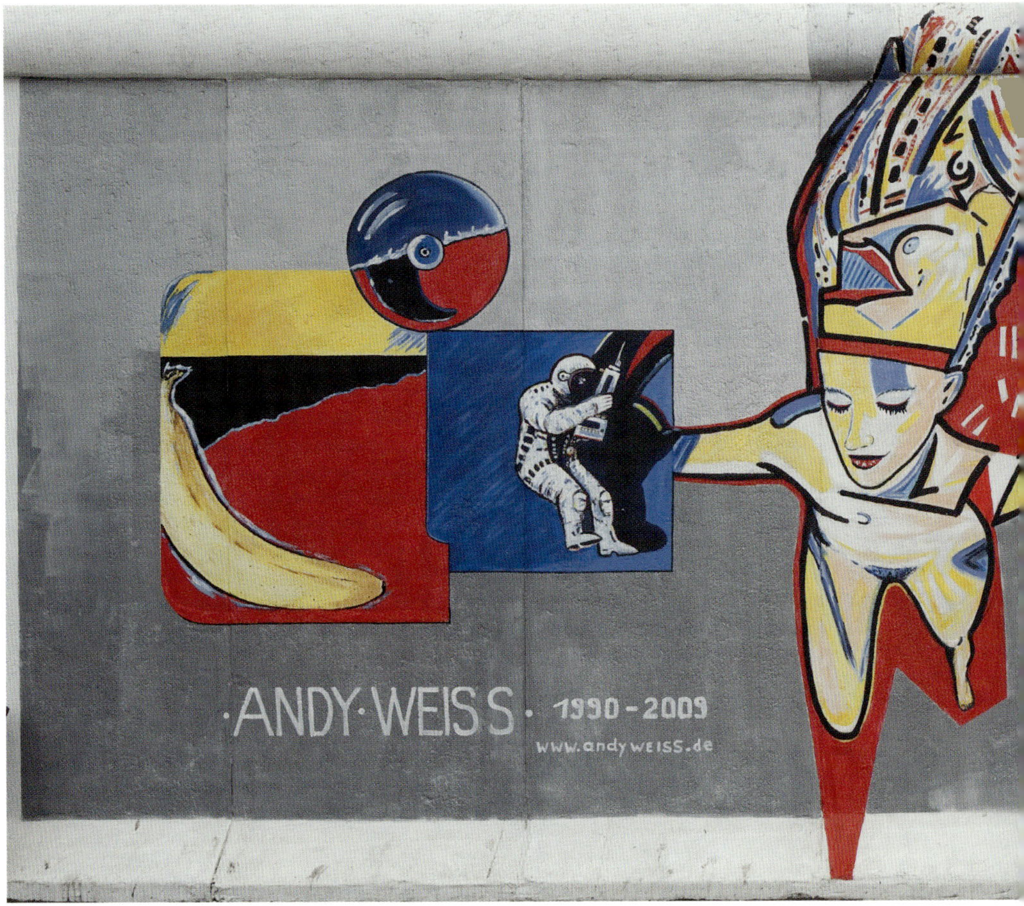

GEIST-REISE

Ein wacher, stets streitbarer Geist ist Andy Weiss. Der gebürtige Siegener lebt seit vielen Jahren in Berlin, im Westteil der Stadt. Seine Vision der Maueröffnung hat Andy in einem monumentalen, silbern schimmernden Bild verewigt.

Makro- und Mikrokosmos stehen sich gegenüber. Und damit die Entwicklung der Wissenschaft und Forschung beider Teile Berlins. Die Erforschung des Weltalls und die ironische Banane für den Osten werden der Entdeckung der DNS im Zellkern gegenübergestellt. Alles in den Stadtgrenzen von Berlin. Dazwischen wie ein Mahnmal: die Nofretete.

Andy Weiss is an argumentative, alert person. Originally from Siegen, he has been living in West Berlin for many years. Andy has immortalized his vision of the fall of the Berlin Wall in a monumental, silver sparking picture.

Macrocosm and microcosm stand side by side, representing the developments in sciences and research in both parts of Berlin. Space exploration and the ironic banana for the East are compared to the discovery of DNA in the nucleus. All of these developments are taking place in the outskirts of the city. Right in their middle, like a memorial, stands the Nefertiti.

... und wieder zurück

... and back again

42

Gabriel Heimler
Frankreich / Deutschland

Der Mauerspringer

www.gabriel-heimler. de

Ein Franzose in Ost-Berlin: In den 80er Jahren wählte der gebürtige Pariser Gabriel Heimler die DDR als seine neue Heimat. Sein Bild zeigt einen jungen Mann, der mit kühnem Sprung über die Mauer springt. Im Hintergrund die markante Brücke an der Bornholmer Straße in Richtung Westen.

„Der springt ja in den Osten, warum denn?", fragte ich Gabriel 2009. Geografisch stimme das schon, erklärt er: „Aber sieh nur, die Telefonzelle ist aus dem Westen" – Gabriels Springer will gleichzeitig auch am westlichen Konsum teilhaben, Gutes aus der DDR erhalten und hinüberretten in die kommende Gesellschaft eines vereinigten Deutschlands.

A Frenchman in East Berlin: In the 1980s, the native Parisian Gabriel Heimler chose the GDR as his new home. His mural shows a young man jumping over the Berlin Wall with a bold leap. The background shows the striking bridge on the Bornholmer Straße going westwards.

"He jumps into the East – why?", I asked Gabriel in 2009. "Geographically speaking, that's correct", he explains. "But look, the phone booth is from the West" – Looking towards the advent of a united Germany, Gabriel's jumper wants to participate at the same time in Western consumption and preserve what is good from the GDR.

Salvatore de Fazio
USA 🇺🇸

Dawn Of Peace

Peter Peinzger
Deutschland / Schweden 🇩🇪 🇸🇪

Stadtmenschen

Sabine Kunz
Deutschland 🇩🇪

Die Tanzenden

Mirta Domacinovic
Kroatien / Deutschland 🇭🇷 🇩🇪

Zeichen in der Reihe

ZEICHEN IN DER REIHE 1   www.mirta-domacinovic.de

ZEICHEN IN DER REIHE   www.mirta-domacinovic.de

Patrizio Porracchia
Italien / Schweiz 🇮🇹 ➕

Der Blitz

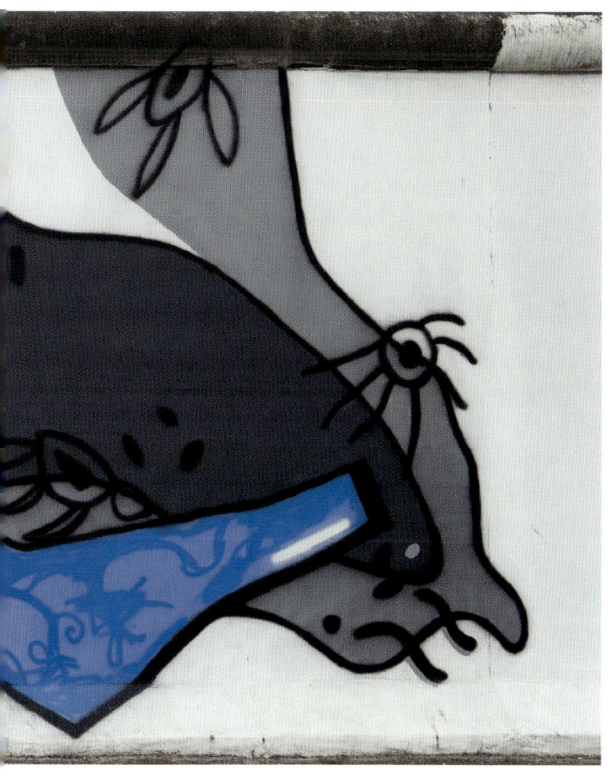

Das Jahr 2009: Patrizio Porracchia schaut auf sein Bild. Schnell ergänzt der Schweizer mit italienischen Wurzeln die vorhandenen Konturen mit blauem und schwarzem Spray und kreiert Zwischenräume neu. Es soll so werden wie 1990 – oder doch etwas anders? Ein Blitz durchschlägt die Mauer, die sich wie eine träge, körperlose Amöbe nach unten schiebt. Viren, überall Viren, sie versuchen, den Beton zu durchfressen. Oben, am Rohr, brechen sie ab, hier ist Schluss. Der Wasserstrahl endet abrupt.

Warum? „Ich wollte ursprünglich bis hier oben malen, damit er mit dem Himmel verschmilzt, aber damals hatte ich keine Leiter." „Jetzt hast du eine", ermuntere ich ihn. „Niemand wird sie dir streitig machen". Schnell war Patrizio oben und ergänzte den Wasserstrahl in einem leuchtenden Blau bis in den Himmel. „Morgen male ich noch eine Vire dazu. Die hat es nach 19 Jahren geschafft, sich bis in die Spitze hindurchzufressen."

It's 2009 and Patrizio Porracchia looks at his painting. The Swiss-italian artist quickly adds more depth to his work with blue and black spray paint. It is supposed to look like his original work from 1990 – or a bit different after all? A bolt of lightning strikes the wall and pushes its way down like a bodyless amoeba. Viruses, viruses everywhere, trying to erode the concrete. They stop at the rounded edge at the top. The bolt ends abruptly.

Why? "Originally, I wanted to paint it to the top, so that it mixed with the sky, but I didn't have a ladder back then." "You've got one now", I reply. "Nobody will fight you for it." Patrizio quickly got up the ladder to extend the blue bolt, giving the appearance that it dissolves into the sky. "I'm going to paint another virus here tomorrow. After 19 years, this virus has finally managed to chew through the wall right to the top."

„Ich bin ein Meterkünstler", sagt Thierry Noir gern von sich selbst. In den 80er Jahren aus Frankreich nach Berlin Kreuzberg gekommen, malte er schon meterweise die Mauer an. Mit lustigen Bildern, Figuren, Gesichtern. Das Grau musste weg, die Schrecken des Einge-sperrt-Seins mussten verschwinden.

So entstanden aus der Not heraus seine bekannten bunten Köpfe, die er tausendfach an die grauen Betonsegmente pinselte. Hier sind es 13 Köpfe auf 27 Segmenten.

Thierry Noir likes to refer to himself as an "artist of meters". After leaving France in the 1980s to move to Berlin Kreuzberg, he had already painted many meters of the Berlin Wall in the eighties. By painting comical images, figures and faces in bright colors, he aimed to disperse the grey and the horrors of the barricade.

This is how his paintings of bright heads came about, which he painted thousands of times on the grey concrete. Here we see 13 heads on 27 segments.

Thierry Noir
Frankreich 🇫🇷

Hommage an die
Junge Generation

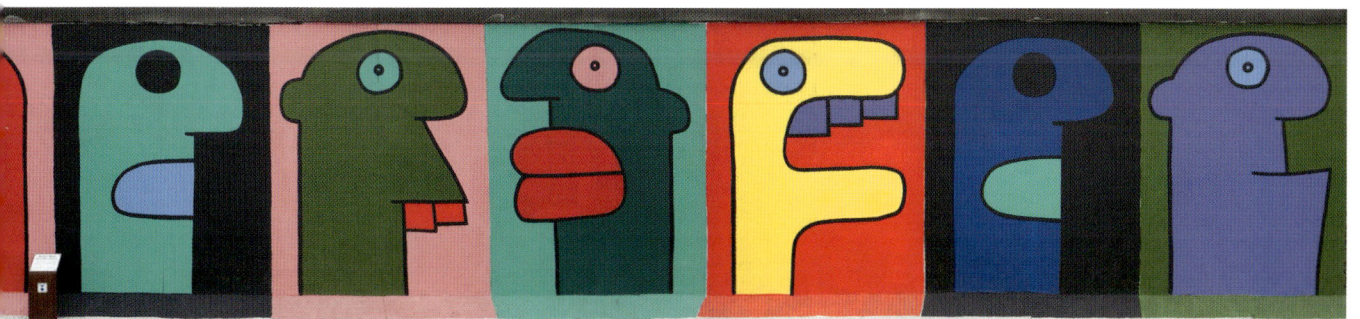

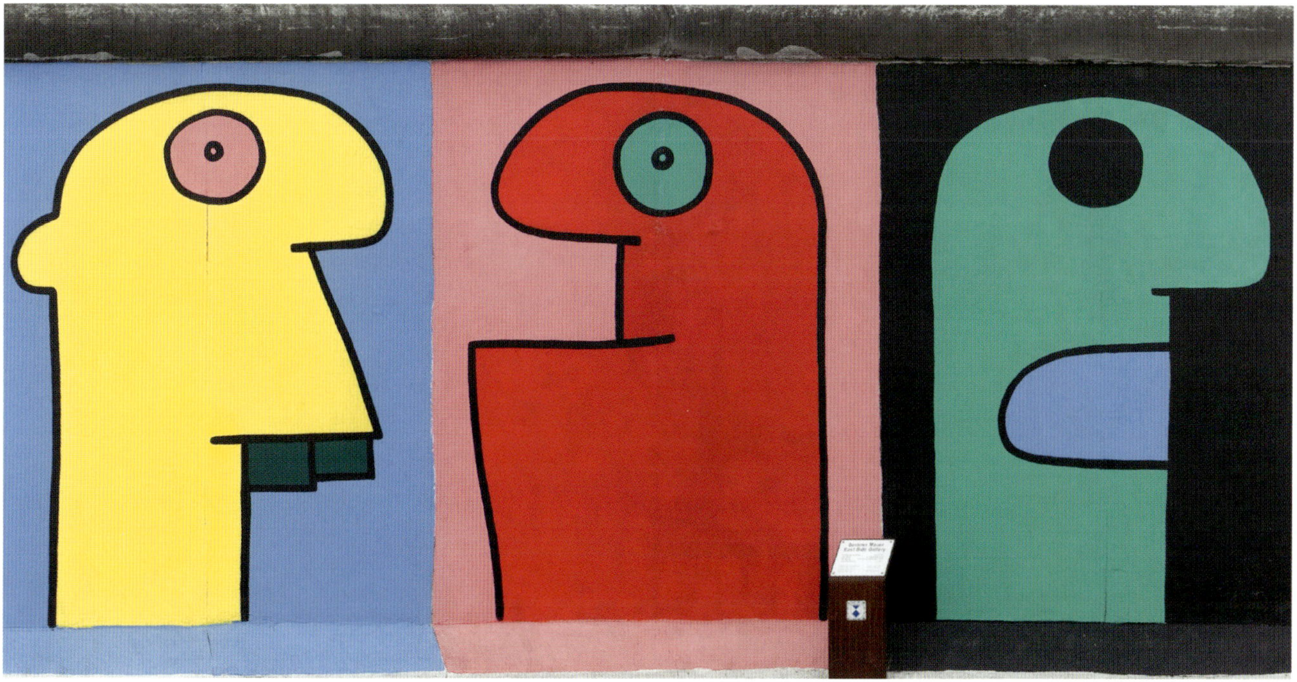

CACCIATORE 1990 2009
WWW.TERESACASANUEVA.DE
TERESA CASANUEVA

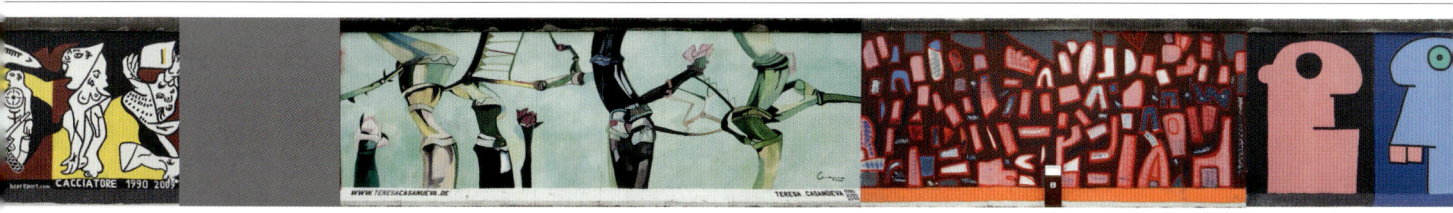

Teresa Casanueva
Kuba / Deutschland

Sprosse

Cacciatore (Stefan Jäger)
Deutschland 🇩🇪

Buerlinica

Karina Bjerregaard, Lotte Haubart
Dänemark ❶

Himlen over Berlin

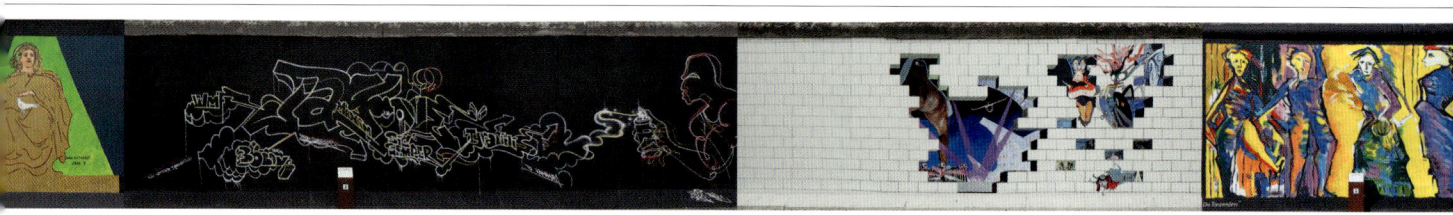

Die beiden dänischen Künstlerinnen Karina Bjerregaard und Lotte Haubart beschäftigen sich intensiv mit abstrakter Kunst und sind in ihrem Heimatland sehr bekannt. Inspiriert von Wim Wenders und Nina Hagen schufen sie dieses bunte, eindrucksvolle Bild an der Berliner Mauer. Eine neue farbenfrohe Interpretation des Brandenburger Tores, das stark an den Entwürfen von 1990 anlehnt.

Dieses Bild wurde im Zuge von Neubaumaßnahmen aus dem Verband der East Side Gallery herausgenommen, die Mauersegmente stehen nun im einstigen Niemandsland.

Karina Bjerregaard and Lotte Haubart, two artists from Denmark, have worked extensively with the abstract arts and are well-known in their home country. Having been inspired by Wim Wenders and Nina Hagen, they created this colorful and impressive picture on the Berlin Wall. A multicolored interpretation of the Brandenburg Gate which is heavily based on the 1990 blueprint.

Due to construction works, these segments were taken away from the East Side Gallery and are now located in the former no-man's-land.

Birgit Kinder
Deutschland 🇩🇪

Test The Rest
(Trabi)

Birgit erinnert sich noch gut: Als sie 1990 mit ihrem neuen Trabi hier vorbeifuhr, sah sie, wie die Künstler malten. Sie begann selbst, sich eine Stelle an der Mauer freizukratzen und kopierte einfach ihr Auto.

Der Trabi fährt durch die Mauer, obwohl er „aus Pappe" ist, er zerstört den Beton ohne einen einzigen Kratzer davonzutragen. Der Trabi als Symbol des Mauerfalls sollte eines der bekanntesten Motive der East Side Gallery werden.

Birgit remembers well the day that she drove past this spot in 1990, sitting in her new Trabant. As she saw all the artists painting, she found herself a free concrete tile and just copied her car.

The Trabi, the fragile car "made out of cardboard", drives through the concrete wall as a symbol of the downfall of the Berlin Wall. This painting was to become one of the most famous murals of the East Side Gallery.

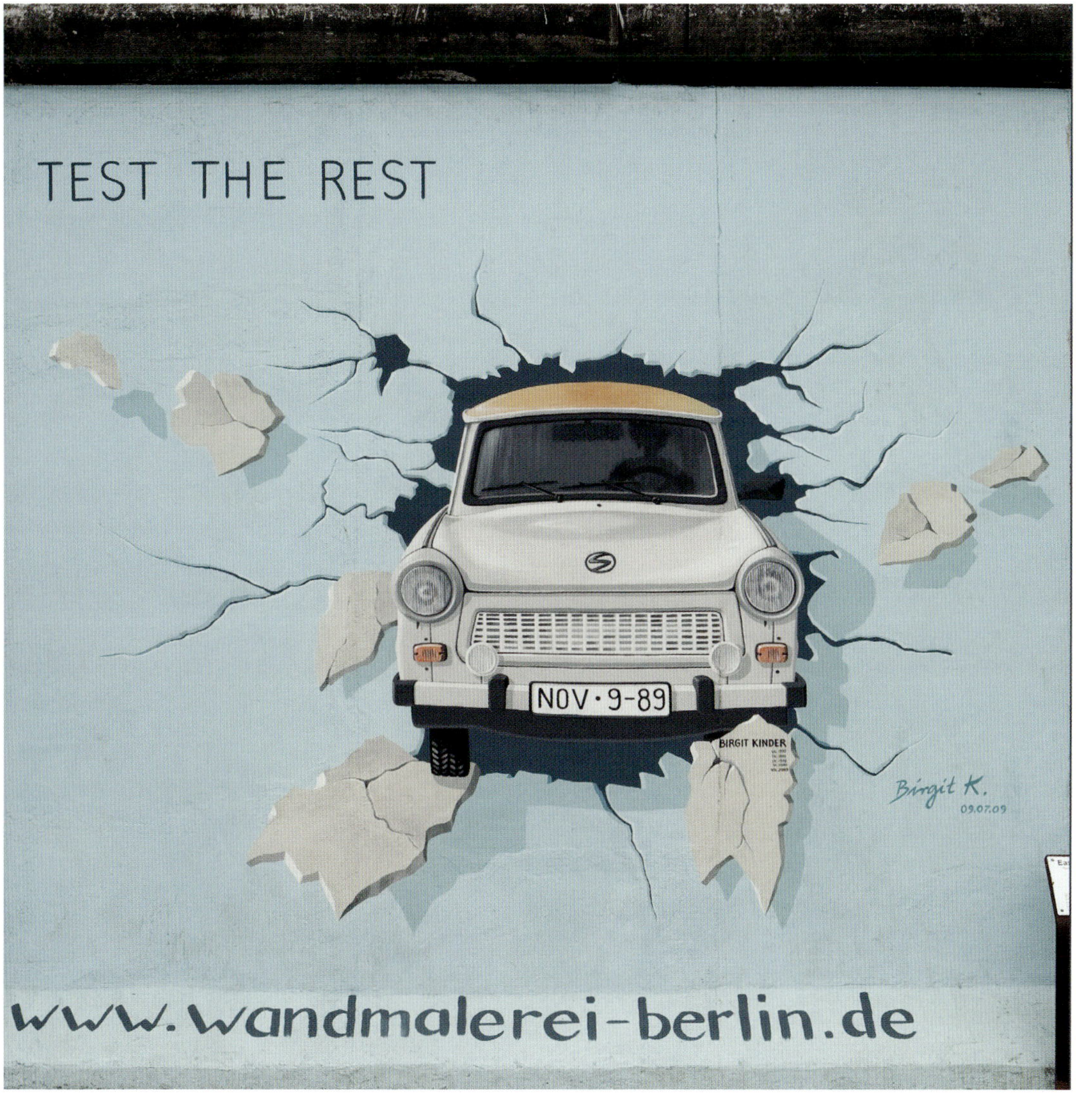
TEST THE REST
NOV·9-89
BIRGIT KINDER
Birgit K.
09.07.09
www.wandmalerei-berlin.de

www.gabriel-heimler.de
ANDY WEISS
GEIST-REISE

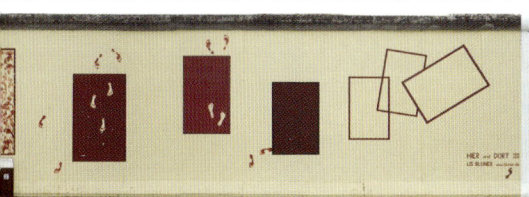

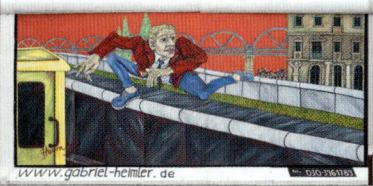

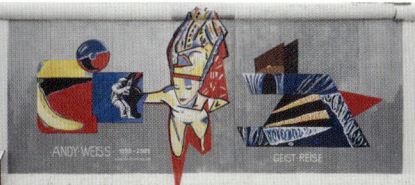

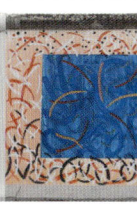

Peter Russell
Großbritannien 🇬🇧

Himmel und Sucher

Margaret Hunter
Großbritannien 🇬🇧

Joint Venture

JOINT VENTURE

MARGARET HUNTER 1990·GDR 2000
SCOTLAND 1996 2009 TEL. 0303027354

Kani Alavi
Iran / Deutschland 🇮🇷 🇩🇪

Es geschah im November

Der persische Künstler Kani Alavi kam 1980 nach Berlin, auf der Flucht vor dem Schah und der dortigen unmenschlichen Diktatur im Iran. Doch was sah er hier? Eine Mauer, die eine Stadt trennt und zwei feindliche Systeme, Menschen werden entzweit, also wieder eine unmenschliche Situation. Er bezog ein Atelier in einem Künstlerhaus direkt am Checkpoint Charlie und konnte so von der 4. Etage auf das Geschehen an der Grenze blicken.

So auch am 9. November 1989, als die Mauer fiel. Menschen strömten durch die Mauer in den Westen, Tausende Menschen, ein nicht enden wollender Strom. Kani Alavi hat diese Situation in seinem Bild eingefangen und die verschiedenen Emotionen der Menschen dargestellt.

The Persian artist Kani Alavi came to Berlin in 1980 to escape the Shah in Iran and the inhumane dictatorship in his home country. But what did he find here? A wall separating a city and two hostile systems, a divided nation – and thus once again an inhumane situation. He moved into a studio in an artists' house right next to Checkpoint Charlie from where he could observe the events at the border from his fifth floor window.

This was from where he saw the events on 9th of November 1989 unfold: the day of the fall of the Berlin Wall. People kept pouring through the wall into the West, thousands of people, a never-ending stream. Kani Alavi captured this situation and portrayed the different emotions of the people in his painting.

Jim Avignon
Deutschland 🇩🇪

Doin it cool
for the East Side

Peter Lorenz
Deutschland

US Flagge

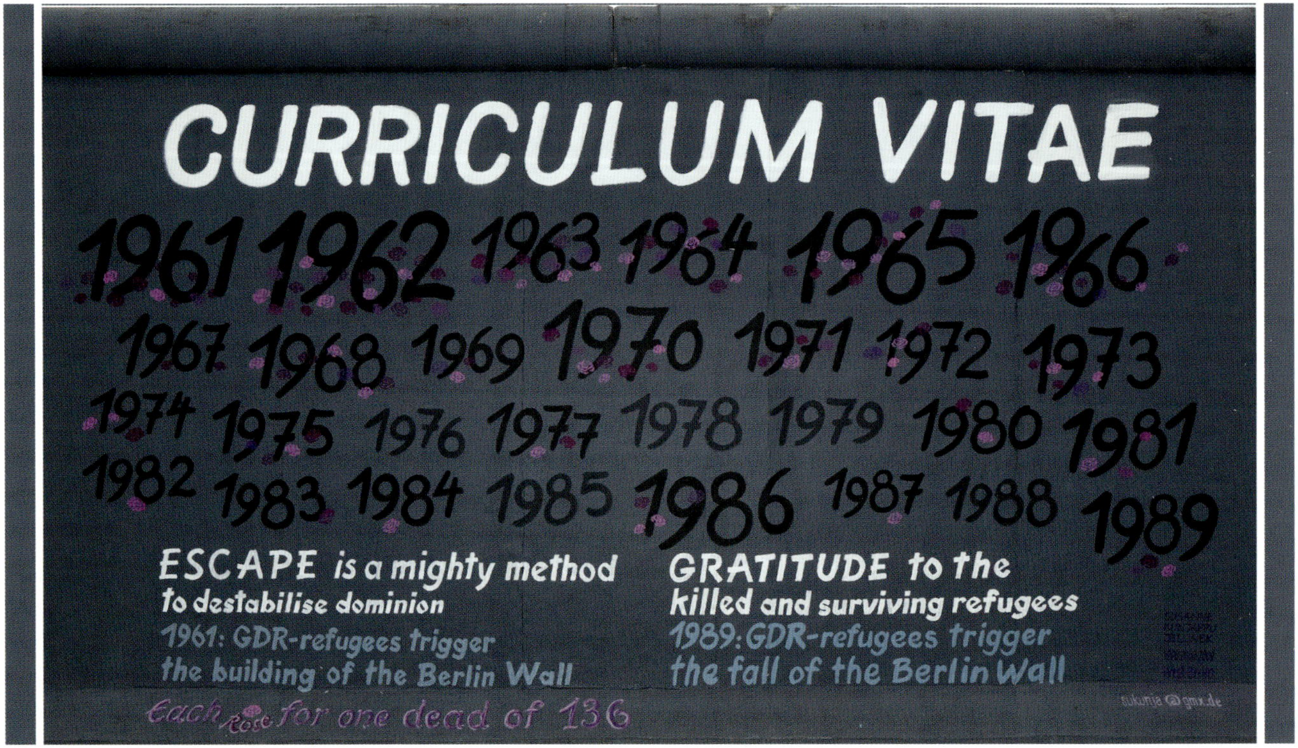

Susanne Kunjappu-Jellinek
Deutschland 🇩🇪

Curriculum Vitae

Mary Mackey
USA 🇺🇸

Tolerance

Tolerance 1990-2009

MARY MACKEY   DENVER, COLORADO USA   www.marymackeyart.com

Carsten Jost, Ulrike Steglich
Deutschland 🇩🇪

Politik ist die Fortsetzung ...

POLITIK IST DIE FORTSETZUNG DES KRIEGES MIT ANDEREN MITTELN.

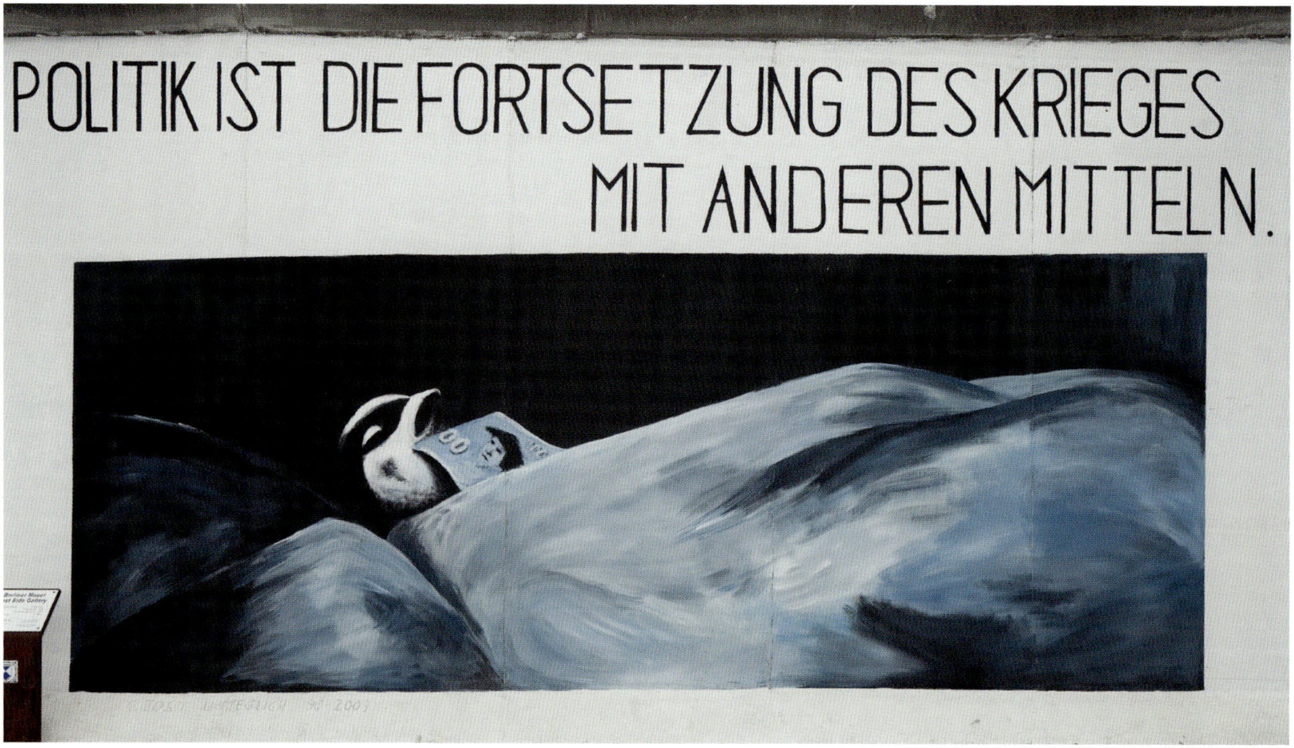

Brigida Böttcher
Deutschland 🇩🇪

Flora geht

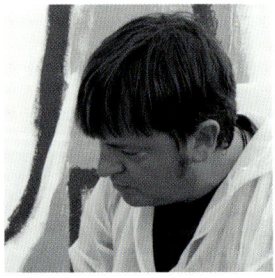

Ignasi Blanch I Gisbert
Spanien 🇪🇸

Parlo D´Amor

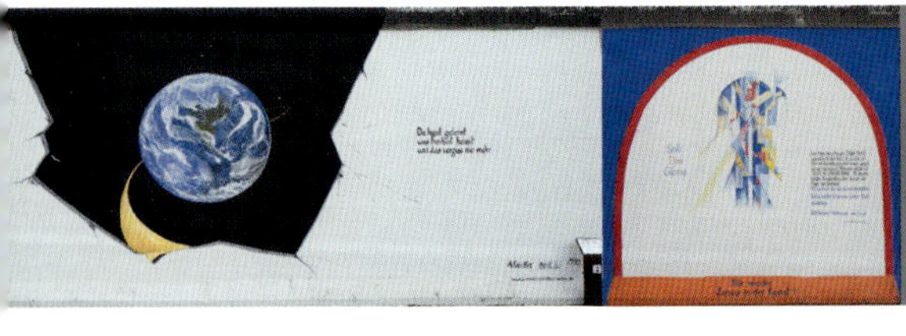

Parlo d'amor – sprecht über die Liebe – auch das ist ein wichtiges Thema. Es geht um die Gleichberechtigung homosexueller Beziehungen in der Gesellschaft. Sprecht darüber, schweigt nicht.

Ignasi Blanch, der bekannte katalanische Maler und Buchillustrator beschäftigt sich in seiner Kunst oft mit gesellschaftlichen Themen und nimmt sie mit seinen Mitteln kritisch aufs Korn. Die politische Entwicklung der vergangenen 30 Jahre hat ihm Recht gegeben.

Parlo d'amor – talk about love – this is another important topic. This mural focuses on equality for homosexual relationships in society. Talk about it, don't stay silent.

The famous Catalan painter and book illustrator Ignasi Blanch often incorporates societal issues into his art as he aims to get to the core of them. The political developments of the past 30 years have proven him right.

Kiddy Citny
Deutschland 🇩🇪

Ger-Mania

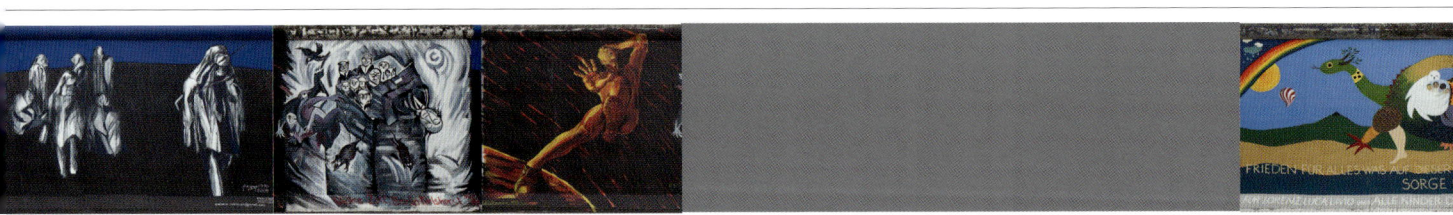

Andrej Smolák
Slowakei 🇸🇰

ohne Titel

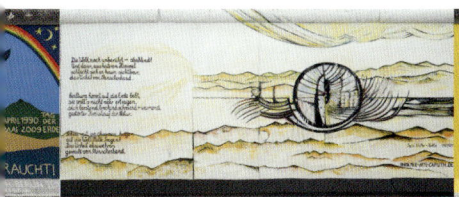

Rainer A. Jehle
Deutschland / Frankreich

Denk-Mal, Mahn-Mal

Es gab 1990 an dieser Stelle an der Mauer einen Wahlslogan der CDU: „Wohlstand – Freiheit – Sicherheit". Scharfsinnig erkennt der Jurist Rainer Jehle die Bedeutung für jeden Einzelnen. Er zieht dem Spruch eine Jacke an, die wird ein wenig zugezogen.

Das bleibt also übrig, wenn der politische Lack ab ist: Aus Wohlstand wird Ohlstand, aus der Freiheit wird die Reihe. Muss sich der Wähler wieder hinten anstellen, um an sein Recht zu kommen? Die letzte Zeile: Sicherheit wird reduziert zum Ich – meine Person steht also allein da, Ich – ohne Unterstützung. Der Künstler aus dem Westen ahnt, was jetzt auf die neuen Bürger im Osten zukommen wird.

In 1990, this spot on the wall featured an election poster for the German Christian Democrats. The poster's slogan: "Prosperity – Freedom – Security". Lawyer Rainer Jehle acutely recognizes the significance for each individual. He paints a jacket around the slogan, halfway closed to hide some of what is written.

So this is what is left behind when the political polish comes off: "Wohlstand" – prosperity – becomes "Ohlstand", and loses all its meaning. "Freiheit" – freedom – becomes "Reihe", a queue. Does the voter have to once again join the end of the line to get his rights? The last line "Sicherheit" – safety – is reduced to "Ich", simply referring to oneself in the first person. The individual is left alone – just me, without any support? The artist from the West suspects what the new citizens in the East will soon face.

Kamel Alavi
Iran 🇮🇷

ohne Titel

Kasra Alavi
Iran 🇮🇷

Flucht wie Tornado

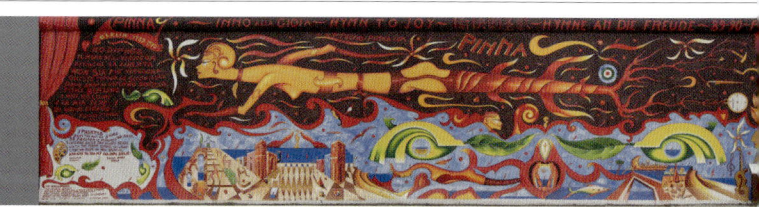

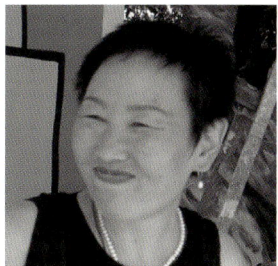

Lana Kim
Korea / Deutschland 🇰🇷 🇩🇪

ohne Titel

... das Ende ist der Anfang

... the end is the beginning

Ein lebendiger Ort der Begegnung

Mit der umfangreichen Sanierung der gesamten East Side Gallery im Jahr 2009 und dem Nachkopieren der ursprünglichen Bildwerke von 1990 durch die damaligen Künstler haben sich das Interesse und die internationalen Besucherzahlen drastisch erhöht. Heute kann die längste Open-Air-Galerie der Welt mehr als 3,5 Millionen Besucher aus aller Welt verzeichnen.

Während der Wiederherstellung besuchte der damalige Bundesaußenminister und heutige Bundespräsident Frank-Walter Steinmeier die East Side Gallery (1) und traf sich mit einigen der beteiligten Künstlerinnen und Künstlern. Die Wiedereröffnung nahm dann der damalige Regierende Bürgermeister von Berlin, Klaus Wowereit am 6. November 2009 vor (2).

Seither gab es zahlreiche Besuche und Stippvisiten von internationalen Politikern: 2014 Park Geun-hye, Präsidentin von Südkorea; 2015 John Key, Präsident von Neuseeland; 2018 Kim Jung-suk, First Lady und Gattin des heutigen südkoreanischen Präsidenten Moon Jae-In.

Auch internationale Prominenz schaute immer wieder vorbei, bekannte Musiker und Schauspieler, auch einige Regisseure drehten zum Teil ihre neuen Filme an der East Side Gallery, z.B. Ashley Judd, Ariana Grande, Roger Waters, Helen Mirren, John Malkovich, William Shatner u.v.a.

A lively meeting point

The extensive restoration of the East Side Gallery in 2009 with the repainting of the murals from 1990 by the original artists led to a dramatic increase in the interest and number of international visitors. Today, the world's largest open-air gallery counts more than 3.5 million visitors annually from around the world.

During the restoration, the former German Foreign Minister and today's Federal President Frank-Walter Steinmeier visited the East Side Gallery and met some of the artists. In turn, the then-Governing Mayor of Berlin, Klaus Wowereit, officially reopened the gallery on 6 November 2009.

Since then, there have been numerous visits from international politicians: Park Geun-hye, President of South Korea in 2014; John Key, President of New Zealand in 2015; Kim Jung-suk, First Lady and wife of today's South Korean President Moon Jae-In in 2018.

The gallery has also proved popular among international celebrities, as a range of well-known musicians and actors as well as some directors filmed part of their new films at the East Side Gallery, among them Ashley Judd, Ariana Grande, Roger Waters, Helen Mirren, John Malkovich, William Shatner.

Zahlen und Fakten

Die East Side Gallery besteht aus 106 Bildern auf 844 Betonsegmenten.

Breite: 1,20 Meter. Höhe: 3,60 Meter. Gesamtlänge: 1000,80 Meter

Sanierung 2009: Wiederherstellung von 101 Bildern von 90 Künstlern, davon 25 Künstler aus Berlin, 30 Künstler aus Deutschland und 35 Künstler aus dem Ausland

Alle Bilder sind mit einem Schutzlack versehen. Beschädigungen und Übermalung sind verboten.

Facts and figures

The East Side Gallery consists of 106 murals on 844 concrete tiles.

Width: 1.20 meters. Height: 3.60 meters. Total length: 1000.80 meters

2009 restoration: Reproduction of 101 images by 90 artists, 25 artists from Berlin, 30 artists from Germany and 35 artists from foreign countries.

All paintings were given a protective varnish. It is prohibited to damage or paint over the murals.

Die Künstler der East Side Gallery The artists of the East Side Gallery

Oskar, Narendra K. Jain, Fulvio Pinna, Kikue Miyatake, Günther Schäfer, Georg Lutz, César Olhagaray, Jens-Helge Dahmen, Gábor Simon, Siegrid Müller-Holtz, Ursula Wünsch, Oliver Meline, Ulrike Zott, Ana L. M.Rodrigues, Kani Alavi, Muriel Raoux, Ditmar Reiter, Santoni, Bodo Sperling, Barbara Greul-Aschanta, Willi Berger, André Sécrit, Karsten Thoms, Theodor Tezhik, Catrin Resch, Irina Dubrowskaja, Dimitri Vrubel, Marc Engel, Alexej Taranin, Michail Serebrjakow, Rosemarie Schinzler, Christine Fuchs, Karin Porath, Gerhard Lahr, Lutz Pottien, Wjatscheslaw Schljachow, Jeanett Kipka, Schamil Gimajew, Indiano, Christoph Frank, Hervé Morlay, Andreas Paulun, Kim Prisu, Greta Ida Czátlos, David Line, Henry Schmidt, Thomas Klingen-stein, Karsten Wenzel, Pierre-Paul Maillé, Andy Weiss, Gabriel Heimler, Liz Blunier, Salvatore de Fazio, Gerald Kriedner, Chr. Koutsouras, Yvonne Matzat, Peter Peinzger, Elisa Budzinsky, Sabine Kunz, Lance Keller, Jay One, Klaus Niethardt, Mirta Domacinovic, Patrizio Porracchia, Ines Bayer, Raik Hönemann, Thierry Noir, Teresa Casanueva, Cacciatore, Karina Bjerregaard, Lotte Haubart, Christine Kühn, Rodolfo, Rícalo, Birgit Kinder, Margaret Hunter, Peter Russell, Sándor Rácmolnar, Gábor Imre, Pal Gerber, Gábor Gerhes, Sándor Györffy, Gruppe stellv. Durstende, Kentaur, Jim Avignon, Miriam Butterfly, Thomas Fey, Peter Lorenz, Dieter Wien, Jacob Köhler, Carmen Leidner, Jens Hübner, Andreas Kämper, Peter Dürhager, Ralf Jesse, Jolly Kunjappu, Susanne Kunjappu-Jellinek, Mary Mackay, Carsten Jost, Ulrike Steglich, Brigida Böttcher, Ignasi Blanch, Kiddy Citny, Petra Suntinger, Roland Gützlaff, Andrej Smólak, Lana Kim, Karin Velmanns, Rainer A. Jehle, Kamel Alavi, Kasra Alavi, Ingeborg Blumenthal

Christine Mc. Lean, Monti, Ingeborg Schneider, Angelika Albrecht, Kathrin Krähling, Jörg Weber, Sabine Lünert, Hans-Joachim Lorenz, Annemarie Schiller, Michael Braun, Karin Kaper, Dirk Szuszies, Frank v. d. Hülst, Kwang Hea Park, Regís Bossu, Doris Rieck, Axel Knörig

Impressum

Kani Alavi / Jörg Weber
East Side Gallery Berlin

Herausgeber
Verlag Der Tagesspiegel GmbH
Askanischer Platz 3, 10963 Berlin

Programmleitung: Nadja Holzmaier
Redaktion: Michael Pöppl
Übersetzung: Franca Wolf
Korrektorat: Sonja Hölter
Bildbearbeitung: Joana Schilling, Sabine Miethke
Layout: Susanne Nöllgen, Christian Renner
Druck und Bindung: WPB, Berlin

1. Auflage 2019

ISBN 978-3-948178-03-1

Künstlerinitiative East Side Gallery e.V.
Weserstraße 11, 12047 Berlin
Mobil 0172 391 87 26
Fotos & Texte/ Künstlerinitiative East Side Gallery
eastsidegallery-berlin.com

Herzlichen Dank an Andy Weiss, Kasra Alavi,
Sabine Lünert, Thierry Noir und Ines Bärenklau